POURQUOI?

QUESTIONS POLITIQUES ET AUTRES

PAR

JULES PELPEL

TRENTE CENTIMES

POURQUOI?

QUESTIONS POLITIQUES ET AUTRES

PAR

JULES PELPEL

EN VENTE CHEZ J. DEFAUT, 8, RUE DU CROISSANT
ET CHEZ TOUS LES LIBRAIRES

1868

POURQUOI?

QUESTIONS POLITIQUES ET AUTRES

~~~ ? ~~~

Pourquoi les hauts fonctionnaires touchent-ils de si gros émoluments alors que les simples employés en touchent de si maigres?

<center>*
* *</center>

J'accorde qu'il doit y avoir une différence de traitement entre le chef et l'employé, mais, le pain, le vin, la viande, le bois et le charbon se vendant exactement le même prix à tout le monde, que l'on soit ministre ou expéditionnaire, la différence est trop grande pour n'être pas d'une criante injustice.

<center>*
* *</center>

Pourquoi, d'ailleurs, les traitements ne se mesurent-ils pas au mérite plutôt qu'à la place occupée?

Tel incapable chef de division ou tel inepte chef de bureau serait bientôt moins payé que le dernier des employés travaillant sous ses ordres, mais, au moins, la différence serait justifiée.

~~ ? ~~

Pourquoi trouve-t-on toujours, si facilement et si volontiers, les gens trop vieux pour remplir les emplois subalternes, alors que les emplois supérieurs, qui sembleraient nécessiter cependant une plus grande dose d'intelligence, sont presque toujours tenus par des titulaires d'un certain âge ?

*
* *

De deux choses, l'une :

Ou les hommes ne sont plus bons à rien quant ils sont vieux, et, alors, on aura raison de leur refuser les petits emplois quand ceux qui occupent les grands auront donné le signal de la retraite.

Ou les hommes âgés peuvent encore travailler utilement, et, alors, il est injuste et arbitraire de leur fermer les emplois subalternes.

~~ ? ~~

Pourquoi le gouvernement s'arroge-t-il le droit d'abaisser le titre des monnaies, ce qui équivaut à nous demander cent francs et à ne nous en rendre que quatre-vingt-quinze ?

*
* *

Pourquoi un simple particulier qui devrait vingt francs à l'État, ne pourrait-il, imitant cet exemple d'en haut, s'acquitter en en donnant dix-neuf ?

*
* *

Pourquoi, puisque tous les Français sont égaux devant la loi, ce qui est défendu au gouverné est-il permis au gouvernant ?

~~ ? ~~

Pourquoi dit-on d'un enfant illégitime que c'est un « enfant naturel ? »

Les enfants qui viennent dans le mariage sont donc extra-ordinaires ?

~~ ? ~~

Pourquoi, après avoir fait des squares sous prétexte d'aération, construit-on maintenant des maisons sur la place de la Bastille ?

* *

Si Paris manquait d'air, ne pouvait-on créer des places nou-velles sans supprimer celles qui existaient auparavant ?

Si, au fur et à mesure que l'on ouvre un square nouveau on bouche une place ancienne, Paris n'aura pas plus d'air après qu'avant.

On n'aura fait que déplacer les vides.

* *

Pourquoi est-ce justement la place de la Bastille, où il n'y a pas de caserne, que l'on retrécit au moyen de constructions nouvelles, et la place du Château-d'Eau, où il y a une caserne, que l'on vient tout récemment d'agrandir?

~~ ? ~~

Pourquoi ne permet-on pas de chanter la *Marseillaise* qui ne peut inspirer au peuple que de nobles et grands senti-ments?

* *

Pourquoi permet-on de chanter librement et partout le *Beau-Dunois* qui ne peut rien inspirer du tout?

~~ ? ~~

Pourquoi maintient-on la censure, alors qu'elle donne tous les jours de si irrécusables preuves de son inintelligence?

*
* *

Pourquoi, si l'on maintient la censure, ne prend-on pas le soin de la composer exclusivement d'hommes impartiaux, indépendants, éclairés et intelligents ?

*
* *

Pourquoi s'en rapporte-t-on, de préférence, à l'opinion d'un homme docile jusqu'à la servilité et aveugle à force de zèle, plutôt qu'au jugemement sain d'un homme juste et libre dans ses appréciations ?

N'est-ce pas s'exposer bénévolement au pavé de l'ours?

~~ ? ~~

Pourquoi laisse-t-on les soldats sortir armés en dehors des heures de service?

*
* *

Pourquoi, lorsqu'ils se servent de leurs armes pour attaquer et blesser les citoyens désarmés, ces militaires indignes de l'épaulette ne sont-ils pas aussi sévèrement punis que le serait un civil, coupable du même crime?

*
* *

Pourquoi ces odieuses attaques se renouvellent-elles tous les jours, alors qu'il serait si facile de les empêcher par le désarmement complet de tout soldat hors de service?

*
* *

Pourquoi cette fréquence d'agressions à main armée n'a-t-elle fait prendre aucune mesure énergique et radicale pour en éviter le retour ?

* *
* *

Pourqnoi, si les soldats peuvent se promener par les rues avec un sabre au ceinturon, les bourgeois ne peuvent-ils se promener avec un revolver dans leur poche ?

*
* *

Les citoyens paisibles sont-ils donc fatalement destinés à servir de plastrons, de jouets, de cibles ou de mannequins sous la tolérante indulgence des conseils de guerre, aux facé, tieux pourfendeurs de l'armée ?

~ ? ~

Pourquoi l'entrée de la Sainte-Chapelle n'est-elle pas accessible à tous, puisque, somme toute, c'est de nos deniers qu'ont été payés les frais considérables de réparations de ce monument ?

*
* *

Pourquoi, si l'on veut interdire au public l'entrée de la Sainte-Chapelle, ne pas lui interdire aussi le coûteux honneur de solder la note des ouvriers qui y ont travaillé ?

~ ? ~

Pourquoi dit-on toujours, en parlant d'un assassin, qu'il a tué son semblable ?
Cela n'est pas flatteur pour la victime.

~ ? ~

- Pourquoi les hommes s'occupent-ils d'inventer chaque jour des armes de plus en plus meurtrières ?
Trouvent-ils donc que la mort ne vient pas assez vite sans le concours de leurs engins ?

*
* *

Pourquoi ne recherchent-ils pas les moyens d'élever et d'instruire les enfants, de faire des hommes honnêtes, éclairés et libres, plutôt que de s'ingénier à trouver des armes pour les détruire plus vite et en plus grand nombre ?

*
* *

L'instinct de l'homme est-il donc de détruire sans jamais édifier ?

*
* *

Pourquoi, d'ailleurs, le gouvernement encourage-t-il de tous ses vœux et de tous ses subsides les inventeurs de machines meurtrières, alors qu'il est si parcimonieux quand il s'agit de l'instruction publique ?

*
* *

Pourquoi paie-t-il si cher les maréchaux et si peu les instituteurs ?

*
* *

Est-il donc plus glorieux de faire un peuple de sabreurs qu'un peuple d'hommes instruits ?

~~~ ? ~~~

Pourquoi, quand deux souverains sont en désaccord, sont-ce des hommes indifférents à la question et étrangers au débat que l'on envoie se battre les uns contre les autres ?

*
* *

Pourquoi les deux monarques ne vident-ils pas leur différend en se mesurant l'un contre l'autre en combat singulier ?

*
* *

Il y aurait, de part et d'autre, grande économie de sang et

d'argent, d'abord; beaucoup plus de justice ensuite, car les combattants sauraient au moins pourquoi ils en viennent aux mains, ce qui n'existe pas avec le système en vigueur.

Il est vrai que ce système est beaucoup plus prudent pour les souverains et que la prudence est la mère de la sûreté.

~~ ? ~~

Pourquoi un roi qui prend de force, et sans autre raison que son ambition personnelle, la capitale d'un pays voisin est-il un conquérant?

*
* *

Pourquoi le pauvre affamé qui prend un pain chez le boulanger pour ne pas mourir de faim est-il un voleur?

*
* *

Pourquoi couronne-t-on le premier de lauriers et met-on le second en prison?

*
* *

Pourquoi tuer un homme pour lui prendre son pays est-il une action d'éclat?

*
* *

Pourquoi tuer un homme pour lui prendre sa montre est-il un vil assassinat?

*
* *

Pourquoi décore-t-on l'un et guillotine-t-on l'autre?

*
* *

Est-il donc « mal » de dépouiller un homme de sa montre et « bien » de lui ravir sa patrie?

~~ ? ~~

Pourquoi donne-t-on la croix d'honneur à un soldat qui a

tué d'autres soldats et ne donne-t-on qu'une simple médaille à un homme qui a sauvé d'autres hommes de la mort?

*
* *

Est-il donc plus méritant de retirer la vie à un homme que la mort ne menaçait pas, que de la rendre à un autre qui était exposé à la perdre?

~~ ? ~~

Pourquoi l'un de nos sportmen les plus distingués s'est-il cru le droit de donner à son cheval le nom glorieux et aimé d'Horace Vernet?

*
* *

Cela veut-il dire qu'aux yeux de ces messieurs du « Jockey », un artiste, quelque soit son talent, ne vaut jamais un cheval de race?

*
* *

Pourquoi, si un sportman appelle son cheval Horace Vernet, un autre sportman n'appellerait-il pas le sien Rouher ou Dupanloup?

*
* *

Peut-être se trouverait-il quelqu'un pour trouver inconvenant le choix de ces noms.

*
* *

Pourquoi ce qui serait inconvenant à l'égard d'un évêque ou d'un ministre, cesserait-il justement de l'être vis-à-vis d'un peintre illustre, honorable et justement estimé?

*
* *

Est-ce parce qu'Horace Vernet est mort, qu'un membre du Jockey-Club a cru pouvoir accrocher ce grand nom au râtelier d'une écurie?

Mais alors, si la mort jette ainsi les noms les plus illustres dans le domaine public, pourquoi trouverait-on mauvais qu'une vieille fille appelât son chien : Fénélon; son chat : Chateaubriand, et sa perruche : Marie-Antoinette?

~~ ? ~~

Pourquoi l'affiche du Théâtre-Français porte-t-elle toujours ces mots : — *Les comédiens ordinaires de l'Empereur*...

*
* *

D'abord les comédiens des Français, choisis parmi les meilleurs, ne sont pas « ordinaires ».

Ensuite, ils sont payés par le peuple tout entier et non par l'Empereur.

Ce sont donc les comédiens du peuple et non ceux de l'Empereur.

*
* *

A cela près, la mention de l'affiche de M. Edouard Thierry est exacte.

~~ ? ~~

Pourquoi appelle-t-on l'Académie : — « *Académie des lettres* », puisqu'à chaque vacance qui se présente, on a bien soin de ne jamais élire un grand littérateur ?

~~ ? ~~

Pourquoi certains petits crevés ont-ils adopté la ridicule et prétentieuse manie d'accrocher à leur chapeau ou au revers de leur habit, en revenant des courses, leur carte d'entrée dans l'enceinte du pesage ?

*
* *

Cette puérile exhibition d'un rond de carton vert-pomme a évidemment pour mobile l'ardent désir qu'ont ces petits messieurs de passer pour riches aux yeux de la foule.

C'est donc bien glorieux de pouvoir jeter deux louis sur le gazon des courses?

~~~ ? ~~~

Pourquoi a-t-on interdit la loterie et fait fermer les maisons de jeu puisqu'on autorise les agences des poules et des paris-mutuels?

*
* *

Cela fait qu'il y a aujourd'hui en France deux mesures contradictoires.

L'une, qui permet d'aventurer son argent sur la vitesse d'un cheval désigné par le hasard.

L'autre, qui défend de risquer ce même argent sur la couleur d'une carte désignée par ce même hasard.

*
* *

Ainsi que l'a dit avec beaucoup de justesse et d'esprit M. Edouard Lockroy dans le *Diable à quatre*, le gouvernement, en agissant de la sorte, « ressemble à un père qui, pour
» conserver intacte la vertu de son fils, lui interdirait tout
» commerce avec les femmes brunes, mais lui permettrait de
» s'amuser avec les blondes ».

~~~ ? ~~~

Pourquoi, puisque l'on poursuit avec une grande sévérité les gens convaincus de braconnage, ne poursuit-on pas, comme complices, ceux qui font servir du gibier à leur table alors que la chasse est fermée?

*
* *

N'est-ce pas parce qu'il faudrait punir des gens trop haut placés?

Quel est, en effet, le maire, le préfet, le ministre qui n'ait jamais mangé de gibier en temps prohibé?

Il n'y en a pas un seul.

Cela est, pourtant de la complicité de braconnage au premier chef.

~~~ ? ~~~

Pourquoi les femmes, même de jeunes et de jolies, se fardent-elles le visage comme elles ont fréquemment coutume de le faire ?

*
* *

Pourquoi, se fardant ainsi, se moquent-elles des sauvages qui, en se tatouant la peau, ne font pas autre chose que de se farder à leur manière ?

~~~ ? ~~~

Pourquoi est il défendu de monter sur la colonne Vendôme et permis de monter sur celle de Juillet ?
J'avoue que je ne comprends pas bien cette distinction.

*
* *

Si, comme on me l'a assuré, cette mesure a été prise pour empêcher les suicides, pourquoi laisse-t-on aux dégoutés de la vie la faculté de se tuer sur la place de la Bastille ?

*
* *

Cette préférence marquée pour la colonne Vendôme pourrait faire croire que l'on s'inquiète fort peu que les plébéiens de la place de la Bastille assistent au triste spectacle d'un homme tombant du haut de la colonne, mais que l'on tient particulièrement à éviter ce petit désagrément, capable de troubler une bonne digestion, aux patriciens de la place Vendôme.

~~~ ? ~~~

Pourquoi telle femme de théâtre, sans talents aucun — que des talents secrets — mais brillamment entretenue et couverte de diamants, est-elle chaleureusement applaudie chaque fois qu'elle paraît en scène, tandis que certaines véritables comédiennes éveillent à peine l'attention du public ?

*
* *

Les diamants glanés dans les alcôves sont-ils donc un motif de succès au théâtre et l'effronterie d'une courtisane est elle plus digne de bravos que le mérite d'une artiste ?

~~~ ? ~~~

Pourquoi, quand on travaille au terrassement ou aux égouts d'une rue arrive-t-il parfois que l'on mette à chaque bout de cette voie un poteau avec ces mots : *Rue barrée* AUX PIÉTONS ?

*
* *

Cela empêche les personnes qui habitent cette rue de sortir si elles sont chez elles ou de rentrer si elles sont dehors, autrement qu'en contrevenant aux ordonnances de police, ce qui les expose à une amende qui serait singulièrement arbitraire.

~~~ ? ~~~

Pourquoi, quand un journal indépendant publie un fait vrai, mais désagréable, lui retire-t-on l'autorisation de vente sur la voie publique ?

*
* *

Pourquoi, quand un journal officieux publie un fait erroné, mais agréable, lui facilite-t-on les moyens de se répandre dans le public par tous les kiosques possibles ?

*
* *

Est-ce là une manière de comprendre la justice, d'interpréter l'impartialité et d'imposer aux masses un profond respect pour les mesures administratives ?

* *

Si, en agissant de la sorte, l'autorité croit montrer sa force, elle se trompe certainement car elle prouve sa faiblesse en donnant à supposer qu'elle a besoin de laisser circuler librement une erreur qui la flatte et d'étouffer une vérité qui l'égratigne.

~~ ? ~~

Pourquoi, quand un journal est interdit sur la voie publique, l'est-il également dans les bibliothèques des gares de chemins de fer ?

L'intérieur d'une gare peut il donc être assimilé à la voie publique ?

* *

Les gares des chemins de fer sont des endroits clos dans lesquels on ne peut pénétrer sans billet de parcours, tandis que les rues sont ouvertes à tout le monde.

Les quais des gares sont interdits aux errantes du crépuscule qui sillonnent librement les trottoirs des rues et des boulevards.

Enfin, si quelqu'un tentait de s'introduire dans l'intérieur d'une gare, en omnibus, en fiacre, ou, tout simplement sur un vélocipède, il est évident qu'on l'en empêcherait tandis que tout le monde peut circuler de la sorte dans toutes les rues de Paris.

* *

Comment peut-on, malgré toutes ces différences, assimiler une gare à une voie publique ?

~~ ? ~~

Pourquoi n'accorde-t-on pas aux acteurs la croix d'honneur que l'on prodigue à tant d'autres hommes ?

En quoi un acteur est-il plus indigne qu'un soldat, qu'un

industriel, qu'un peintre, qu'un littérateur, qu'un musicien, de recevoir cette récompense honorifique de son talent ?

.•.

Je ne suppose pas que les *prétendus* écarts de la vie privée des acteurs soient pour quelque chose dans cette mesure, car si l'on fouillait bien dans la vie privée de certains chevaliers de la Légion d'honneur, on trouverait probablement chez quelques-uns d'entre eux des mœurs qui effaroucheraient nos cabotins les plus évaporés.

.•.

Les comédiens sont, généralement, de très-honnêtes pères de famille; quelques-uns sont d'exemplaires gardes nationaux.

Pourquoi ne pas les décorer quand ils ont mérité cette distinction par leur talent ?

Est-ce parce qu'ils jouent la comédie ?

.•.

Est il donc plus dégradant de jouer la comédie à la lumière du gaz, devant un public qui sait assister à un drame inventé à plaisir, que de la jouer en plein soleil, devant un public que l'on trompe en lui donnant pour vraies les sornettes qu'on lui débite ?

On serait tenté de le croire en voyant combler d'honneurs et de décorations les plus habiles ou les plus heureux de ces comédiens du grand théâtre du monde.

Soyez logiques, au moins, et si vous ne voulez pas décorer es comédiens, ne décorez jamais de saltimbanques.

.•.

Si l'on refuse la croix aux acteurs parce qu'ils jouent la comédie, pourquoi la donne-t-on aux auteurs dramatiques qui se font leurs complices en leur fournissant les moyens d'exercer cet art « dégradant ».

~~ ? ~~

Pourquoi, quand une princesse, une reine ou une impératrice fait une aumône et soulage une infortune, la presse officieuse du pays où cela se passe, embouche-t-elle les cent trompettes de la Renommée pour proclamer le fait à tous les échos de l'univers ?

*
* *

Pourquoi, quand une modeste ouvrière, qui gagne tant bien que mal son pain quotidien, met sa légère aumône dans la main d'un plus malheureux qu'elle, aucun journal ne publie-t-il cet acte de charité ?

*
* *

Est-il donc plus méritant de donner cinq cents francs à la misère quand on a des millions dans sa caisse que de donner deux sous à un pauvre, quand on gagne péniblement un franc vingt-cinq dans la journée ?

*
* *

Ne serait-on pas en droit de conclure de cette publicité, toujours maladroitement gonflée de louanges exagérées, qu'une princesse, une reine ou une impératrice doit être, sans aucun doute, une personne bien dure, bien égoïste et bien peu charitable d'ordinaire, pour que les journaux croient, à la moindre aumône qu'elle fait, devoir autant exalter sa superbe générosité.

~~ ? ~~

Pourquoi bon nombre de personnes sont-elles inscrites d'office sur les listes électorales, alors que tant d'autres ne le sont pas, même en faisant des démarches ?

*
* *

Est-ce là une manière d'assurer la liberté des votes et d'affirmer l'existence du suffrage universel ?

~~~ ? ~~~

Pourquoi la *Lanterne* de Rochefort a-t-elle obtenu, en France, le succès sans précédent que vous savez ?

N'est-ce pas qu'il y a communauté d'idées entre l'écrivain et la majorité des citoyens ?

*
* *

Pourquoi, dans ce cas, ne laisse-t-on pas la *Lanterne* entrer librement en France, ce qui est sacrifier l'opinion de la majorité à celle de la minorité ?

*
* *

Pourquoi, puisque l'on agit de la sorte, assure-t-on que nous jouissons du suffrage universel ?

~~~ ? ~~~

Pourquoi le nom de Victor Hugo n'a-t-il pas encore été choisi pour être donné à une de nos rues, alors que nous avons la rue Lamartine, la rue Rossini, la rue Auber, la rue Halévy, le boulevard Haussmann, etc. ?

*
* *

Le nom de Victor Hugo n'est-il pas assez illustre pour qu'on lui accorde cet honneur ?

N'est-il pas aussi digne que celui de M. Haussmann de figurer dans ce calendrier topographique ?

*
* *

Cette exclusion injuste du nom de Victor Hugo, ainsi que celle de plusieurs autres noms aussi célèbres que ceux de Lamartine, de Rossini, d'Auber et d'Halévy, et, assurément, beaucoup plus justement illustres que celui de M. Haussmann, ne donne-t-elle pas le droit de penser que ceux-là seulement qui se seront docilement inclinés devant le pouvoir actuel, pourront espérer voir leurs noms inscrits sur les plaques de nos rues ?

*
* *

Pourquoi la rancune personnelle va-t-elle jusqu'à de si mesquines représailles, alors qu'il serait grand et noble d'honorer d'autant plus le talent et le génie d'un grand poëte, que ce poëte est un ennemi ?

?

Pourquoi prodigue-t-on également l'or et les galons dans les uniformes des grands dignitaires et dans les livrées des domestiques ?

*
* *

Je pense que ce n'est pas dans l'intention d'établir un rapprochement.
Mais le but est manqué, il y a confusion.

?

Pourquoi est-ce toujours avec une sorte de dédain que l'on dit de quelqu'un : — Le premier venu ?
Le premier venu n'est pas toujours le dernier des hommes.

?

Pourquoi la presque totalité des logements que l'on construit sous le règne du puissant Haussmann se compose-t-elle d'appartements vastes et, par contre, d'un prix fort élevé ?

*
* *

Il n'y a, il n'y aura jamais à Paris, qu'un nombre limité et relativement restreint de familles pouvant payer le prix de ces loyers.
Beaucoup d'appartements resteront donc, la plupart du temps, vacants.

.•.

Avec les prix de location que crée cette rage de construction luxueuse, où logeront les ouvriers trop pauvres pour acquitter ces prix ?

.•.

Pourquoi les propriétaires ne comprennent-ils pas qu'ils auraient plus d'avantage à construire des petits logements d'un prix modique, qui seraient certainement toujours loués, plutôt que de bâtir des palais qui sont condamnés d'avance à rester souvent vides et, par conséquent, improductifs ?

〜〜 ? 〜〜

Pourquoi est-il défendu sous peine d'amende, aux honnêtes gens, de porter des armes sans s'être auparavant munis d'une permission spéciale ?

Cela les met à la merci des voleurs et des rôdeurs de nuit qui, eux, ont généralement la précaution de ne sortir que bien armés.

.•.

Il est évident qu'un malfaiteur qui risque le bagne en attaquant les passants, se moque d'encourir une condamnation supplémentaire pour port d'armes prohibées.

.•.

En ne laissant pas à tous les citoyens indistinctement la libre faculté de se munir d'armes défensives, on protége de fait les malfaiteurs puisqu'on leur facilite les moyens d'exercer leur petite industrie.

Ceux-ci y regarderaient peut-être à deux fois avant de tomber sur un promeneur attardé, s'ils avaient moins de chances de s'adresser à un homme désarmé.

〜〜 ? 〜〜

Pourquoi certains moralistes en chambre répètent-ils partout, et ailleurs, que l'absinthe est un poison de la pire espèce, alors qu'on laisse vendre cette liqueur chez tous les débitants?

.·.

Pourquoi, si l'absinthe est un toxique aussi dangereux qu'on le dit, n'en réglemente-t-on pas la vente, comme cela se fait pour le laudanum ?

.·.

Pourquoi, si l'on peut vendre librement l'absinthe, qui est un poison, réglemente-t-on la vente du laudanum qui est un autre poison ?

⌇⌇ ? ⌇⌇

Pourquoi ceux qui vendent des denrées alimentaires falsifiées ou des boissons frelatées sont-ils moins sévèrement punis que ceux qui émettent de la fausse monnaie ?

La sophistication des denrées est-elle un moindre crime que l'altération des monnaies ?

.·.

Je le crois d'autant moins que les faux-monnayeurs, en fabriquant des pièces de vingt francs en cuivre et des pièces de cent sous en fer blanc, ne peuvent absolument faire du tort qu'à la bourse de leurs dupes, tandis que ceux qui font commerce de denrées et de boissons falsifiées et frelatées, et, par conséquent, presque toujours malsaines, portent atteinte à la fois à la bourse et à la santé de leurs clients.

.·.

Pourquoi, si le dommage causé peut être plus grand, la punition est-elle moindre ?

⌇⌇ ? ⌇⌇

Pourquoi une femme convaincue d'adultère et séparée pour

ce fait de son mari, a-t-elle le droit de conserver le nom de l'homme qu'elle a trompé et ridiculisé ?

.*.

Pourquoi une honnête femme, alliée à un misérable, peut-elle, après avoir obtenu un jugement en séparation, quitter le nom flétri de son mari et reprendre son nom de jeune fille ?

.*.

La femme a tout à gagner à cela, et l'homme tout à perdre, puisque la première peut traîner à son gré dans la fange un nom respectable que l'homme est bien forcé de conserver, et, la seconde, quitter quand bon lui semble un nom méprisé.

.*.

Pourquoi dit-on d'un mari trompé qu'il est « déshonoré » ? M'est avis que sa femme l'est davantage.

~~ ? ~~

Pourquoi, quand un homme, qui par sa position appartient à l'histoire et dont la vie a été souillée par des infamies, vient à mourir, prononce-t-on invariablement des discours élogieux sur sa tombe?

.*.

Pourquoi, si quelqu'un hasarde alors une parole de juste sévérité, crie-t-on que les cendres du défunt sont insultées?
Pourquoi les cendres d'un infâme sont-elles respectables?

.*.

Pourquoi, si les cendres d'un coquin sont respectables à l'égal de celles d'un honnête homme, ne le sont-elles que pendant un certain temps?
Pourquoi, à l'expiration d'un délai convenu, l'histoire peut-elle user de son droit de dire la vérité au mort.

*
* *

Pourquoi, puisque l'histoire, pour être impartiale et juste, jouit du droit indéniable de dire toute la vérité, ne peut-elle exercer ce droit de publication dès que les événements se sont produits ?

Pourquoi, si l'histoire parle un peu trop tôt au gré de certains intéressés, crie-t-on à la calomnie ou, tout au moins, à la diffamation ?

Où cesse la diffamation ? Où commence l'histoire ?

᷾᷾ ? ᷾᷾

Pourquoi, quand on a perdu un parent, porte-t-on le deuil pendant un temps réglementairement déterminé ?

Pourquoi, pendant cette époque de convention, s'abstient-on de tout plaisir public ?

C'est évidemment une manière de manifester la douleur que l'on ressent et les regrets qu'on éprouve.

*
* *

Pourquoi, à l'expiration du délai convenu, quitte-t-on les vêtements noirs et reprend-on publiquement ses habitudes de plaisir et de distraction ?

Le parent qu'on a perdu est-il donc moins mort au bout d'un an qu'au bout d'un mois ?

*
* *

Pourquoi réglemente-t-on les regrets ?

Pourquoi mesure-t-on le chagrin aux jours écoulés ?

Pourquoi emprisonne-t-on la douleur dans un délai de convention, brutal comme tout ce qui est mathématique.

Pourquoi établit-on un niveau pour les larmes ?

᷾᷾ ? ᷾᷾

Pourquoi un préjugé vieux comme le monde veut-il qu'un

homm tiosetitré d'autant plus noble qu'il y a plus longtemps que le premier ennobli de sa famille est mort et enterré ?

*
* *

Un imbécile ou un coquin peut descendre d'un héros.

Pourquoi, s'il y a cinq cents ans que le héros est mort, l'imbécile ou le coquin sera-t-il plus noble, aux yeux du monde, que l'homme honnête et brave qui a mérité lui-même, par quelque action d'éclat, cette distinction honorifique ?

Est-il donc plus méritant de tenir la noblesse de sa seule naissance que de la tenir de son mérite personnel et de sa propre valeur ?

*
* *

A ce compte, les descendants de Cartouche et de Mandrin seraient donc de bien plus complets malfaiteurs que messieurs leurs pères ?

?

Pourquoi, quand l'administration saisit un journal politique — et, par conséquent, timbré, — ne rembourse-t-elle pas à ce journal l'argent qu'il a versé au Timbre, puisque, par le fait de cette saisie, elle met obstacle au recouvrement de ces frais auprès des acheteurs au numéro?

*
* *

Est-il parfaitement équitable de percevoir d'une main 1 montant d'une imposition qui assure un droit de libre vent et d'arrêter, de l'autre, l'exercice de ce droit?

?

Pourquoi les animaux sont ils plus efficacement protégés que les hommes?

S'il était prouvé qu'un charretier ne nourrit pas les chevaux qu'il fait travailler, il est évident qu'on le réprimanderait vertement.

*
* *

Cependant, nous voyons tous les jours des industriels, des négociants, des entrepreneurs, des chefs d'administration rétribuer si mal leurs employés que ceux-ci meurent littéralement de faim.

Et, pour ce fait, la société ne dit rien, la justice reste muette l'autorité reste aveugle.

Un homme vaut-il donc moins qu'un cheval ?

<center>~~~ ? ~~~</center>

Pourquoi, puisque l'on a trouvé convenable d'interdire les comptes rendus des procès en diffamation, même quand il doit en résulter l'éclatante justification du diffamé, ne défend-on pas également la publication des débats de la Cour d'assises qui ne sont, la plupart du temps, qu'un cours public, gratuit et instructif à l'usage des malfaiteurs en herbe?

*
* *

Serait-il donc plus dangereux pour l'ordre public de publier dans les journaux que M. X..... est innocent, comme l'enfant qui vient de naître, des faits qu'on lui impute calomnieusement, que d'apprendre aux jeunes voyous de la nation comment il faut s'y prendre pour ne pas se faire pincer après un mauvais coup?

<center>~~~ ? ~~~</center>

Pourquoi tous les journaux insèrent-ils gravement cette annonce-réclame :

Le succès du *Diable à Quatre* grandit TOUS LES JOURS !

Comment ne comprennent-ils pas que le succès du *Diable à Quatre* ne peut grandir que toutes les semaines, puisque ce journal est hebdomadaire ?

C'est absolument comme si l'on disait :

J'adore la matelotte d'anguille ; ce mets me régale, même quand je n'en mange pas.

~~ ? ~~

Pourquoi, dans une maison à cinq étages, habitée par quinze ou vingt locataires différents, les boutiquiers occupant le rez-de-chaussée sont-ils tenus de payer les frais de balayage du trottoir situé devant cette maison, alors que les autres locataires sont exemptés de cet impôt?

*\
* *

Ces négociants salissent-ils donc davantage à eux seul la voie publique que tous les autres locataires réunis ?

*\
* *

Pourquoi, puisque la Ville reconnait injuste d'imposer, pour cet objet, les locataires des étages supérieurs, impose-t-elle ceux du rez-de-chaussée qui ne sont pas plus coupables que les autres, du fait de jeter des ordures sur la voie publique ?

*\
* *

Pourquoi, puisque les trottoirs font partie de la voie dite « publique, » la Ville ne se charge-t-elle pas, à ses frais, de leur balayage ?

*\
* *

Pourquoi, puisque la Ville exige que la voie publique soit balayée tous les jours, ne montre-t-elle pas l'exemple en débarrassant les rues des rôdeuses qui les obstruent ?

~~ ? ~~

Pourquoi le commerce parisien juge-t-il opportun de refuser la monnaie du Pape ?

C'est, sans doute, parce qu'il croit cette monnaie de mauvais aloi?

* *

Pourquoi dit-on, si l'on croit mauvaise la monnaie frappée par Pie IX, que le pape est infaillible ?

L'infaillibilité du pape ayant été universellement proclamée, il me semble qu'elle doit s'étendre aux choses matérielles aussi bien qu'aux questions théologiques et morales.

* *

Il n'y a donc pas de raison, puisque le pape est reconnu infaillible pour les articles de foi, pour qu'il ne le soit pas également pour les articles d'argent.

?

Pourquoi, quand un théâtre veut faire croire qu'il attire la foule, fait-il publier dans les journaux que « son caissier se frotte les mains ?

Si son caissier a le temps de se frotter les mains autant que cela, c'est qu'il n'a pas beaucoup d'argent à compter.

S'il a beaucoup d'argent à compter, il n'a pas le temps de se frotter les mains.

?

Pourquoi une inscription gravée sur les murs de l'Opéra porte-t-elle ces mots : *Poésie lyrique*, ce qui est un contresens, au lieu de : *Drame Lyrique*, ce qui serait juste et vrai ?

* *

La poésie lyrique, la vraie, celle que l'on rencontre dans J.-B. Rousseau, dans les chœurs de Racine, etc., n'a rien de commun avec *la Juive, les Huguenots, la Muette, Guillaume Tell, etc.*, qui sont réellement des drames chantés.

*
* *

Pourquoi, au lieu de faire disparaître bien vite cette grosse erreur, charge-t-on, au contraire, la sculpture de la perpétuer jusque dans la postérité la plus éloignée ?

~~ ? ~~

Pourquoi est-il défendu aux négociants d'afficher en maints endroits leurs produits commerciaux alors qu'on laisse les cocottes s'afficher elles-mêmes impudemment partout ?

Est-il donc plus contraire aux bonnes mœurs d'offrir aux regards du public des affiches industrielles collées sur les murs que de laisser circuler sur tous les trottoirs des filles éhontées et provocatrices ?

~~ ? ~~

Pourquoi, quand un citoyen, un journaliste, par exemple, comparaît en police correctionnelle, le président du tribunal l'appelle-t il : — Un tel! tout court, au lieu de : — Monsieur un tel ?

*
* *

Si, à une question posée de la sorte, le prévenu répondait :
— Oui, Delesvaux.
M. le président du tribunal correctionnel ne serait pas content et il aurait raison,
Pourquoi, dans ce cas, M. le président se croit-il en droit d'user d'une familiarité dont il ne tolèrerait pas la réciprocité ?

~~ ? ~~

Pourquoi Arsène Houssaye a-t-il écrit « *les Grandes dames* » alors qu'il n'a guère fréquenté que les petites ?

Est-ce parce qu'il y a trop souvent une ressemblance étonnante entre les grandes et les petites dames ???

~~ ? ~~

Pourquoi les journaux officiels, officieux ou complaisants, ne peuvent-ils jamais parler d'un souverain quelconque sans parsemer leur prose courtisanesque d'un nombre considérable de « *Daigné* » ?

« Sa Majesté a daigné recevoir les hommages de ses sujets... » Ou bien encore : « Sa Majesté le roi a daigné accepter un gâteau à la collation qui lui avait été préparée... »

.*.

Il est certaines choses dans la vie devant lesquelles une Maesté, quelque majestueuse qu'elle soit, d'ailleurs, est bien forcée de faire comme le dernier de ses sujets.

Il est évident que lorsqu'un roi a faim, s'il ne daignait pas manger, un moment viendrait fatalement où Sa Majesté serait absolument obligée d'avoir des crampes d'estomac, qu'elle le daignât ou non, et quelque temps après, il faudrait bien qu'elle daignât mourir d'inanition, tout comme un simple charbonnier.

Cela tombe sous le sens et ne supporte pas la discussion.

.*.

Le roi et le berger sont égaux devant Dieu, dit un exemple de la grammaire ; de même, le roi et le berger sont égaux devant la colique, et la garde qui veille aux barrières de Laëken, de Postdam, du Louvre ou de Windsor, n'empêchera jamais un roi ou une reine d'avoir une jolie indigestion après un repas trop copieux.

.*.

Un souverain, après tout, est un homme comme un autre,

puisqu'il est soumis aux mêmes faiblesses et exposé aux mêmes infirmités que le plus humble des ouvriers de son pays.

Pourquoi, dans ce cas, les journaux qui se ruinent en frais de composition du verbe « daigner », lorsqu'ils racontent les faits et gestes d'un roi, n'imprimeraient-ils pas également :

« J.-B. Schwartz, représentant de la maison Gugueinheim et Cᵉ, a daigné prendre ce matin le train de 7 h. 50 m. se rendant à Lyon, où il daignait aller offrir des échantillons de cassonade. Au buffet de Dijon, il a daigné accepter une côtelette panée qu'il a daigné payer 3 fr. 50 tout en daignant trouver qu'elle était un peu chère. »

Jules PELPEL.

PARIS. — IMPRIMERIE AUGUSTE VALLÉE, RUE DU CROISSANT, 16